ツレヅレハナコの

パパッと作れる「仕込みおき」で

からだ整え丼

Gakken

はじめに

おいしいものとお酒が大好きで、外食も多く食事時間も不規則だった私。バリバリと仕事をし、好きなだけ食べて飲んで寝る……という毎日でした。それでも20代、30代の頃は持ち前の体力もあり、元気に過ごす日々。

それが、47歳の今になり、「そろそろこの食生活を見直す時期では？」と考えるきっかけがありました。

特に病気になったわけではないけれど、以前に比べて「疲れやすい」「胃がもたれる」「便秘気味」「むくみやすくなった」……などなど、明らかに身体の変化を感じ、これは何かせねばと思ったのです。

まずは食生活。日々食べているものを見直すと、やはり栄養バランスが悪い。

ごちそう続きの外食では食べる量も脂質も多すぎるし、忙しいと麺やパンなど炭水化物中心で糖質だけの食事になる。とはいえ、外食を一切なくすのは無理だし、仕事も忙しくて毎回バランスのとれた食事を一から調理するのも難しい。

肉や魚、大豆製品などのたんぱく質、野菜や海藻などのビタミンやミネラル、米や麺などの炭水化物……これらを手軽においしく摂るにはどうすればよいのか。考えた末にたどり着いたのが「からだ整え丼」です。

時間がある時に簡単な主菜や副菜を「仕込みおき」し、1食ずつ小分け冷凍した玄米ごはんとともに丼にささっと盛り付ける。こうすれば食事の準備は5分で済み、栄養バランスも整えやすい。毎食、調理器具やいくつもの皿を洗う必要もありません。

ポイントは、「がんばりすぎない」こと。手間がかかりすぎるものや、途中で食べ飽きるほどの量は作りません。料理ともいえない「仕込みおき」くらいのシンプルな調理が、負担にならず、食べ飽きずでちょうどいいのです。

今でも中華だフレンチだと外食はするし、お酒もがっつり飲む。その楽しさを、あきらめる気もありません。でも、家にいるときの食事は「からだ整え丼」で調整を。冷蔵庫に「仕込みおき」があると安心！　家に帰る際に余計なものを買うことはなくなりました。少し小腹がすいたときの間食にも罪悪感なし。これだけで、心も体も健やかでいられるような気がします。

おばあちゃんになっても、ずっと楽しく元気に過ごしたいなら健康な体は不可欠。そして、将来の自分は自分自身でしか管理できません。

もしあなたが「ちょっと食生活を変えてみたいな」と思っているのならぜひ、「からだ整え丼」をお試しください。そして、その効果をご自身で実感してもらえたらうれしいです。

ツレヅレハナコ

まず伝えたいのが、「整え丼」を始めてからすこぶる調子がいいんです！

＼ここが整った！／

腸内環境が改善

玄米や野菜、海藻でしっかりと食物繊維を摂ることで、腸内環境がみるみる改善！不安定だったお通じが整いました。どんな便秘薬よりも効果を実感しています。

疲れにくくなった

バランスの良い食事のおかげで、だるさや疲労が激減！　夕方にバテ気味だったり、朝の寝起きが悪かったのも改善。一日中、フルスイングで元気に過ごせるように。

ちょっとやせた

「からだ整え丼」は栄養バランスが良く、摂取カロリーも控えめ。毎回、おいしくお腹いっぱい食べているのに、自然と数kgやせました。これはうれしい！

肌がきれいになった

ビタミンやミネラルの効果か、腸内環境改善のおかげか……。肌の状態が良くなり、「化粧品変えた？」と聞かれるほどに。気になっていたシミも少し薄くなった！

メンタルが落ちついた

不足しがちな栄養素をこまめに摂ることで、イライラなどを防止。なにより、「体に良い食事をしている」という満足感は、なにものにも代えがたい！

むくみが軽減された

朝や夕方になると顔や脚がパンパンになっていた私。どうしても塩分過多になりがちな外食が減ったからか、むくみが一気になくなり楽になりました。

さらに、整え丼は（ほぼ）1ステップ「仕込みおき」をのせるだけ！

なぜ私がこの健康生活を続けられているかというと、
『おいしい、飽きない』は絶対条件として、
とにかく簡単だということ。そのポイントが「仕込みおき」。
「作りおき」未満の、素材の下ごしらえのみをしたものを
本書では「仕込みおき」と命名！
この仕込みおきが本当に便利なんです。
仕込みおきさえあれば、まず、ごはんを丼に盛り、
あとはあるものを自由にのせていくだけ。
「仕込みおき」したおかずに、市販のものを組み合わせてもいい。
適当に組み合わせても、だいたい合ってしまうのがまた助かる。
一カ所ずつ食べても、
途中でビビンパのように混ぜて食べてもおいしいんです。

Since 1955
ぱりこの味!
お
ティック

目次

はじめに　2

まず伝えたいのが、「整え丼」を始めてからすこぶる調子がいいんです！　4

さらに、整え丼はほぼ1ステップ「仕込みおき」をのせるだけ！　6

医師も推奨「からだ整え丼」はここがすごい　10

からだがイキイキする玄米食のススメ　12

まずは「盤石の布陣」な仕込みおきをいくつか始めてみましょう　14

おすすめ組み合わせ例

お助け丼　16／**野菜不足解消丼**　17

たんぱく質モリモリチャージ丼　18／**腸内環境整え丼**　19

きゅうりのわさびポン酢／にんじんの塩ごま油炒め　20

かぼちゃのごま和え／かぶの塩昆布和え　21

自家製なめたけ／わかめのしょうが炒め　22

自家製サラダチキン／鮭の焼き漬け　23

卵のバリエーション　24

COLUMN1　冷蔵庫に常備したい　手間ゼロおかず　26

第1章　仕込みおき

野菜、豆・大豆製品、乾物、こんにゃく・しらたき

野菜

ゆでおき（小松菜・かぶの葉・ブロッコリー）　31

塩もみおき（にんじん・きゅうり・大根）　32

おすすめ組み合わせ例　33

和えおき（ミニトマトの塩昆布和え／スナップえんどうのごま和え／かぶのゆかり和え）　34

和えおき（いんげんのおかかじょうゆ和え／れんこんのからしマヨ和え／セロリのザーサイ和え／ほうれんそうの梅肉和え／豆もやしのナムル）　36

漬けおき　和風漬け（大根漬け／白菜漬け）　38

漬けおき　洋風漬け（ラペ）（紫キャベツのラペ／にんじんのラペ）　39

レンチンおき（里いものみそマッシュ／マッシュかぼちゃバター／なすの塩水漬け）　40

炒めおき（ズッキーニの桜海老炒め／エリンギのにんにく炒め／ごぼうのきんぴら）　42

炒めおき（キャベツのごま油炒め／パプリカのナンプラー炒め／じゃがいものカレー炒め／長いもの青のりマヨ炒め）　44

煮おき（ピーマンの丸ごとめんつゆ煮／いんげんの梅煮／小松菜のオイル蒸し）　46

仕込みソース・タレ（ミニトマトソース／うま塩ねぎダレ／ピリ辛ニラダレ）　48

豆・大豆製品

油揚げの甘辛煮／おすすめ組み合わせ例　51

大豆のマリネ／ひよこ豆のカレー炒め　52／厚揚げの韓国風煮もの　53

乾物

高野豆腐の照り焼き／おすすめ組み合わせ例　55

わかめの梅和え／切り干し大根のサラダ 56
ひじきのごまポン酢マリネ／ひじきのナンプラー炒め 57

こんにゃく・しらたき
こんにゃくピリ辛炒り／しらたきのたらこ炒り 59
麺でもパンでもおいしい、仕込みおき（簡単コングクス／カレー味玉わんぱくサンド） 60
酒のアテにも（里芋のみそチーズグラタン／冷ややっこのなめたけのせ／サラダチキンとゆで野菜の和えもの） 62
お弁当にも 63

第2章 肉・魚の たんぱく質おかず

肉の仕込みおき
ハニー粒マスタードチキン 67
しっとり鶏ハム 68
鶏そぼろ 69
しっとりゆでレバー／鶏ももとねぎのポン酢だけ煮 70
ふわふわ鶏つくね 71
豚しゃぶ／豚こまのトマト煮 72
ガパオ 73

肉の即でき
鶏のガリバタ焼き 74
豚肉のナンプラーレモンバター炒め／牛肉のピリ辛オイスター炒め 75
おすすめ組み合わせ例 76

魚の仕込みおき
自家製鮭フレーク／おすすめ組み合わせ例 79
鮭のスパイス焼き／ぶりの照り焼き 80
さばのみそ煮缶の厚揚げ煮／ツナのパセリマヨ和え 81

魚の即でき
焼き魚 82
刺し身の薬味和え 83
おすすめ組み合わせ例 84

玄米おにぎり常備のススメ 86
（ひよこ豆のカレー炒め×焼きソーセージ／ガパオ×うずら卵の水煮／ちくわ×かぶの葉／ひじきのナンプラー炒め×炒り卵／鶏そぼろ×豆もやしナムル／自家製鮭フレーク×小松菜）

いっしょに食べたい汁物
大根かきたま汁 88
油揚げと小松菜のみそ汁 89
豆腐と白菜の中華スープ 90
にんじんともやしの韓国スープ 91

COLUMN2 おすすめレトルト・お取り寄せ 92
COLUMN3 ツレヅレハナコのリアル整え丼生活 94

医師も推奨

「からだ整え丼」はここがすごい

消化器内科医であり、ご自身もここ数年玄米生活をしているという井川智成先生に「からだ整え丼」について解析していただきました。

「目ばかり」で理想のバランスを叶えやすい

整え丼は、いわゆるワンプレート盛り。ワンプレートは、セクションに分けて盛ることで、目で見てバランスをとりやすいので簡単に続けられる食べ方です。多品目を食べるのは大事ですが、毎食続けるのは難しいもの。ＰＦＣバランス（たんぱく質・脂質・炭水化物）がとりやすいのも良いところ。厚生労働省の定める「日本人の食事摂取基準」（２０２０年版）によると、炭水化物は食事の50％程度が理想です。皿に盛る時はごはんがだいたい半分より少なめになるよう意識すると良いでしょう。

血糖値の急上昇を抑えることで体への負担が軽減！

また、玄米は白米と違い精製していない分、ビタミン、ミネラル、食物繊維が豊富で糖質の吸収もゆるやかにしてくれます。精製されたあとの白米は胚乳のみとなってしまいますが、玄米は胚乳に加えて胚芽が残ることで、食物繊維が豊富になるうえ血糖値の急上昇を抑えられます。食べ続けることで体への負担が軽減し、体調が良いと感じるはず。

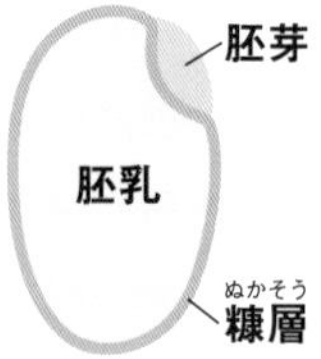

不足しがちな食物繊維を補うことで、便秘知らずの理想の腸に

さらに玄米は不溶性食物繊維が豊富。便のかさを増やし、腸を動かしてくれます。しかし、不溶性食物繊維が増えただけでは便が硬くなったり、出にくくなったりすることも。便を出しやすくするには、海藻や野菜もたっぷり組み合わせることが大切。特に、海藻やこんにゃくなどに含まれる水溶性食物繊維を合わせると、排出を促すのにとても効果的です。この水溶性と不溶性の食物繊維の合わせ技が、からだ整え丼のすばらしいところです。

ちょうメディカルクリニック副院長
医学博士
日本消化器病学会認定専門医
日本消化器内視鏡学会認定専門医
井川智成

炭水化物

120〜140g目安

副菜

ビタミン、ミネラル、食物繊維などの栄養素がたっぷり。

たんぱく質おかず

たんぱく質おかずは脂質も補えますが、中でも特におすすめなのは魚介の脂質。定期的に魚介も「仕込みおき」しておくとより理想的です。

目で見て同量のバランスになるくらい、副菜やたんぱく質をたっぷりめに

理想のバランスは？

本書では炭水化物120〜140gを推奨しています。運動量や個人差で量は調整して大丈夫ですが、定量を決めるのは大切なこと。ラップで小包装しておくと続けやすいです。そこにたんぱく質おかずと、副菜をたっぷり合わせて。濃い味のおかずにごはんたっぷり、ではなく、薄味のおかずを組み合わせることで、ちょうどいい塩加減にするというのは減塩にもなり、ごはんなどの炭水化物も抑えられて理想的。塩分過多は血圧を上昇させ、炭水化物過多は血糖値を上昇させるので体に負担をかけるもと。

副菜はたっぷりのせるよう意識して。これで、人間に必要とされるPFCバランス（たんぱく質・脂質・炭水化物）がとれるうえ、不足しがちな食物繊維やミネラル、ビタミンを補えるのでパーフェクトといえるでしょう。

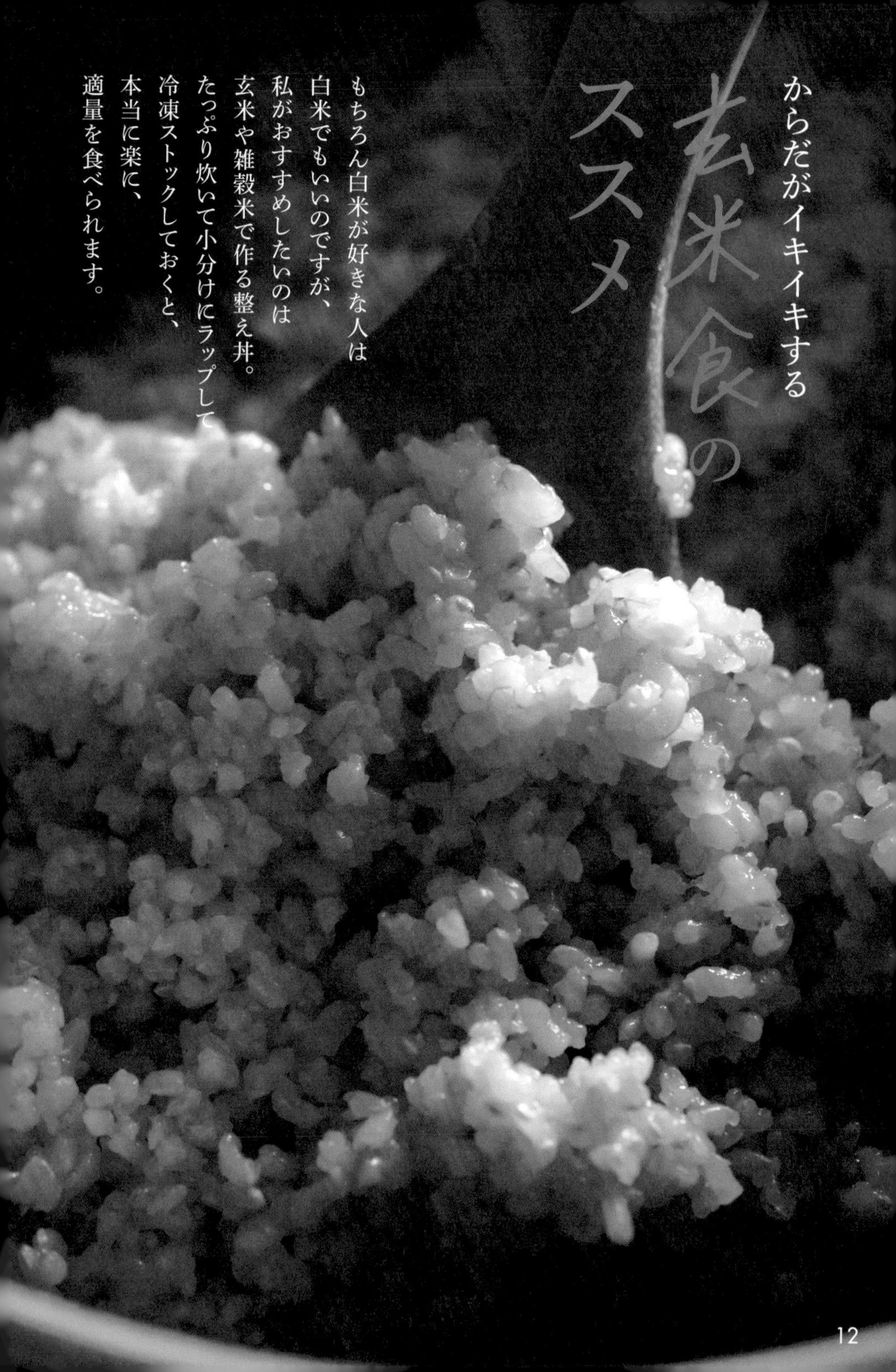

からだがイキイキする

玄米食のススメ

もちろん白米が好きな人は
白米でもいいのですが、
私がおすすめしたいのは
玄米や雑穀米で作る整え丼。
たっぷり炊いて小分けにラップして
冷凍ストックしておくと、
本当に楽に、
適量を食べられます。

ハナコ流 玄米・発芽玄米のおいしい炊き方

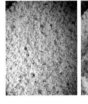

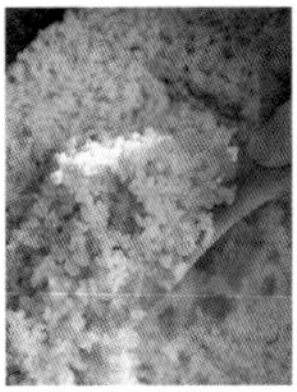

材料（米2合の場合）

玄米（または発芽玄米）…2合（360mℓ）
水…2カップ（400mℓ）

炊き方

1 玄米（または発芽玄米）はサッと洗って分量の水にひたす。玄米は6時間以上、発芽玄米は30分〜1時間が目安。

2 炊飯器にあれば「玄米モード」で炊く。圧力鍋は中火にかけてピンが「高圧」の状態になったら弱火にし、20分ほど炊く。火を止めてピンが完全に下がるまで15分ほど蒸らす。土鍋は中火にかけて沸騰したら弱火にして30分ほど炊き、15分ほど蒸らす。

3 炊き上がったら、底から上下を返すようにさっくりと混ぜる。

※好みでもち麦や雑穀を加え、袋の表示通りに追加の水を足して炊く。

**圧力鍋がなければ炊飯器で炊いてもOK。
他にもあわ、もちきび、黒米など好みの雑穀を混ぜて炊いても。
食べにくい場合は白米を何割か入れても◎。**

発芽玄米

玄米が少しだけ発芽したもので酵素が活性化し栄養分UP。

玄米

精米前の状態。ぬかや胚芽部分のビタミンB群を多く含む。

もち麦

大麦の一種。食物繊維やミネラル分が豊富。もちもちの食感に！

雑穀ミックス

黒米やもち麦などのいろいろな雑穀がバランス良くミックス。

玄米でやせるってどういう仕組み？

井川智成先生

玄米でやせる、というよりも「玄米に含まれる食物繊維が老廃物を排出するのを助ける」というのが正しい表現。玄米は精製していない米なので、白米より食物繊維が豊富。便のかさを増やし便通を良くします。その為、体が軽く感じたり、自律神経が整ったり、健康的な腸を維持できます。また、白米より糖質の吸収を穏やかにするので、血糖値の急上昇も防止。これが、血液中の糖分を脂肪に換えてため込む働きをするインスリンの大量分泌を抑えることに。

まずは「盤石の布陣」な仕込みおきを
いくつか始めてみましょう

悩み別

仕込みおき8品を使った
着まわし丼を紹介するよ

下の8品をメインに、のっけるだけでOKな食材や、
すぐできる卵、また他ページのものもアクセントに使用しています。

にんじんの
塩ごま油炒め

》P20

きゅうりの
わさびポン酢

》P20

かぶの
塩昆布和え

》P21

かぼちゃの
ごま和え

》P21

この本のルール

- 小さじ1=5mℓ、大さじ1=15mℓ、1カップは200mℓです。
- 電子レンジは600Wを基本としています。500Wの場合は加熱時間を1.2倍にしてください。機種により多少の差があるので、様子を見て加減してください。
- 野菜、きのこ、いも類は特に記載のない場合、洗う、皮をむく、ヘタを取るなどの下処理を済ませてからの手順です。
- 作り方の火加減は、特に表記のない場合、中火です。
- 仕込みおきは冷蔵庫で保存し、鮮度を見ながらなるべく早めに食べきりましょう。
- レシピ内に出てくるゆかりは三島食品の登録商標です。

わかめの
しょうが炒め

》P22

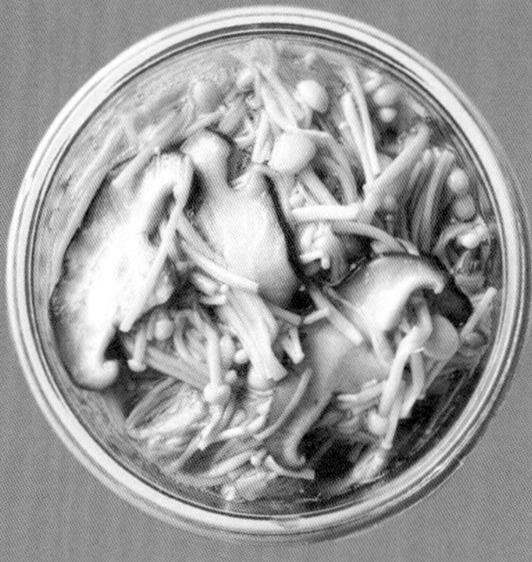

自家製なめたけ

》P22

味玉（P24）もあると
とっても便利♫

鮭の焼き漬け

》P23

自家製
サラダチキン

》P23

くたくたで作りたくない！けど腹ペコ～！な日の

お助け丼

おすすめ組み合わせ例

ミニトマトの塩昆布和え
》P34
口直しにぴったり

こんにゃくピリ辛炒り
》P59
こんにゃくとカレーが何げに意気投合！

きゅうりのわさびポン酢
》P20
ぽりぽりとした食感がアクセントに！

目玉焼き
》P25
卵黄、ゆで卵、温玉などなんでも合う！

自家製サラダチキン
》P23
のせるだけで簡単にたんぱく質をチャージ！

レトルトカレー
お気に入りのレトルトカレーでOK

なんにもしたくない日はレトルトカレーでいいんです！
でも、仕込みおきがいくつかあると満足度が段違いだし
栄養バランスも良好に。カレーにはやはり
酸味のあるおしんこのような副菜が合いますね。

野菜食べてない気がする……と気づいたら、

野菜不足解消丼

かぶの塩昆布和え
》P21
塩昆布がごはんに合うこと間違いなし

かぼちゃのごま和え
》P21
こっくりした味付けと食べ応えが◎

みりんバタースクランブルエッグ
》P25
ほんのりとした甘さがうれしい！やさしい！おいしい！

パプリカのナンプラー炒め
》P44
カラフルな色合いで見た目もおいしく

ツナ缶
ストック必須アイテム

塩ゆでしただけの刻みかぶの葉
》P31
この薄い塩味と食べやすい食感がアクセントに

とにかく冷蔵庫にある野菜を塩もみとか和え物とか、
すごくシンプルな調理でのっけてみて。
組み合わせて丼にすると、不思議なほど
おいしく食べられちゃいます。
卵と缶詰は常備しておくと本当に便利！

運動した日の！

たんぱく質
モリモリチャージ丼

めんつゆ味でもカレー味でも

ゆでおきほうれんそう

少し青菜があるだけで野菜を食べている気分に
しゃきしゃきシンプルなおいしさ
自家製サラダチキン
》P23
たっぷりのせてOK

サラダチキン、ちくわ、卵でたんぱく質をチャージ。
大豆製品で植物性のたんぱく質をプラスするのもおすすめです。
野菜を数種類組み合わせれば
バランスのとれたプロテイン丼に！

お通じをスッキリさせたい！

腸内環境整え丼

徹底的に腸活食材をのっける日。
そもそも食物繊維の多い玄米ごはんがおすすめ。
そこに、不溶性食物繊維の豊富なきのこ、ひよこ豆、
水溶性食物繊維の豊富なわかめ、
発酵食品である納豆で、腸がイキイキ動き出します。

にんじんの塩ごま油炒め

作り方

1 **にんじん1本**は皮をむきスライサーでせん切りにする。

2 フライパンに**ごま油大さじ1**を中火で熱し、にんじん、**塩少々**を入れて2～3分炒める。

きゅうりのわさびポン酢

作り方

1 **きゅうり2本**は小口切りにし、保存容器に入れる。

2 **ポン酢大さじ1**で**わさび小さじ1**を溶き、1にかけて和える。

かぶの塩昆布和え

作り方

1 **かぶ（実）3個**は皮付きのまま薄切り（大きければ半月切り）にする。

2 保存容器に1と**塩昆布5g**を入れて和える。

かぼちゃのごま和え

作り方

1 **かぼちゃ350g**は種とワタを取って皮をそぎ、2㎝角に切る。耐熱ボウルに入れて**水大さじ1**を加えて混ぜ、ふんわりとラップをして4分ほど加熱する。全体を混ぜ、再度竹串がすっと通るまで3分ほど加熱する。

2 ボウルに**すり白ごま大さじ2、しょうゆ・砂糖各小さじ2**を混ぜ、水気をきった1を入れて和える。

わかめの しょうが炒め

作り方

1 **生わかめ150g**は3㎝幅に切る。

2 冷たいフライパンに**ごま油大さじ1、しょうが（せん切り）1かけ分、赤唐辛子（輪切り）2本分**を入れて中火で熱し、しょうがの香りが出たら1を入れて炒め、**しょうゆ大さじ1**を加える。

自家製なめたけ

作り方

1 **えのき1パック**は半分の長さに切る。**しいたけ2個**は薄切りにする。

2 冷たい鍋に1、**めんつゆ（3倍濃縮）大さじ1、砂糖小さじ1、水½カップ**を入れて箸で混ぜ、中火にかける。沸騰したら弱火にして全体にとろみがつくまで2～3分煮る。

鮭の焼き漬け

作り方

1 **生鮭2切れ**は3等分に切る。**めんつゆ（3倍濃縮）大さじ1、しょうが（すりおろし）½かけ分、水大さじ2**を保存容器に入れる。

2 フライパンに**サラダ油大さじ1**を中火で熱し、鮭を並べ入れる。片面2〜3分ずつ焼き、熱いうちに1の漬け汁へ入れる。

自家製 サラダチキン

作り方

1 **鶏むね肉1枚（約300g）**は皮を取り、耐熱性ポリ袋へ入れる。**塩こうじ（液体）大さじ2**を加えて軽くもみ、空気を抜きながら袋の口をしばり1時間〜ひと晩ほど漬ける。

2 厚手の鍋に湯を沸かし、1を袋ごと入れる。再沸騰したら火を止め、ふたをして冷めるまでおく。手で粗く裂く。

ハナコの
必需アイテム

卵のバリエーション

卵があるだけで一気に丼が華やかに！
様々な形に変化するのも卵のいいところ。
その日の気分に合わせて卵バリエ、
楽しんでみて！

味玉

ゆで方

鍋に湯を沸かし、冷蔵庫から出したての卵を入れて中火で8分ゆでる。冷水にとり、粗熱をとって殻をむく。

めんつゆ味玉

作り方

保存袋に**ゆで卵4個、めんつゆ**（3倍濃縮）**大さじ1**を入れて冷蔵庫で1時間以上おく。途中、めんつゆが全体にいきわたるよう上下を返す。

カレーめんつゆ味玉

作り方

保存袋に**ゆで卵4個、めんつゆ**（3倍濃縮）**大さじ1、カレー粉小さじ½**を入れて冷蔵庫で1時間以上おく。途中、カレーめんつゆが全体にいきわたるよう上下を返す。

みりんバター スクランブルエッグ

作り方

1 ボウルに**卵1個**を溶きほぐし、**みりん大さじ1、塩少々**を加える。

2 フライパンに**バター5g**を弱火で熱し、半分ほど溶けたら1を流し入れる。ゴムベラでゆっくり混ぜ、半熟になったら火を止める。

目玉焼き

作り方

フライパンに**サラダ油大さじ½**を中火で熱し、**卵1個**を割り入れる。弱火にして卵黄が好みの硬さになるまで焼く。

温玉

作り方

鍋に湯を沸かし、**卵1個**を入れてすぐに火を止める。ふたをせず15分ほどおく。

手間ゼロ・おいしい・栄養価◎！いい仕事してくれるのよ〜

COLUMN 1

冷蔵庫に常備したい手間ゼロおかず

のっけるだけでOKな手間ゼロトッピングをいろいろ紹介。
冷蔵庫に常備していると、なーんにもない日は大助かり。

刻みのり、韓国のり、味のりなど

のり

カッテージチーズ、クリームチーズなども◎

チーズ

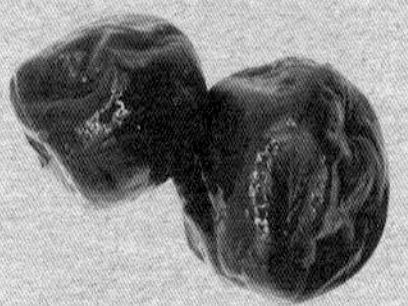

梅干し

うずら水煮

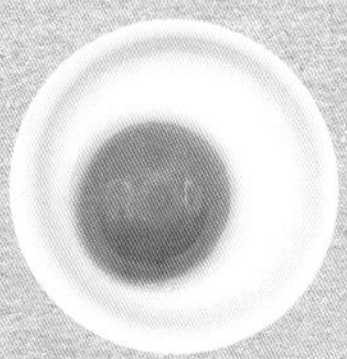

卵黄

白、黒、すり、炒り…とり揃えて

ごま

キムチ

ミニトマト

納豆

パクチー

ザーサイ

ぬか漬け、しば漬け、たくあんなど

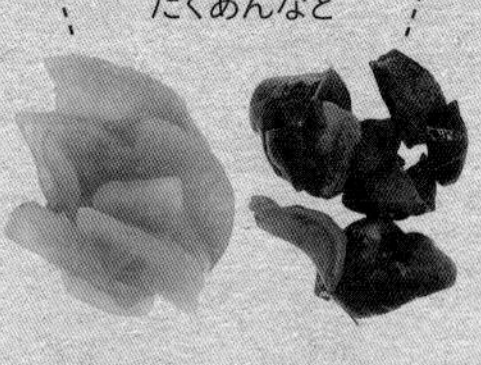

漬物

はんぺんなども◎

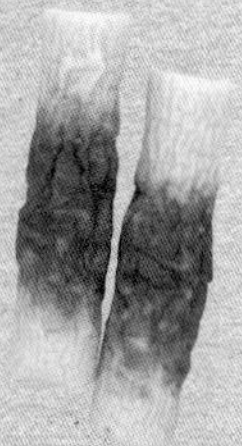

ちくわ

さば缶や
オイルサーディン
なども◎

ツナ缶

葉野菜

冷凍しておいても

しらす

かつお節

カニカマ

たらこ・明太子

常備ではなくても
刺し身パックを
買った日はラクラク

刺し身

塩昆布

ゆずこしょう・わさび

めかぶ

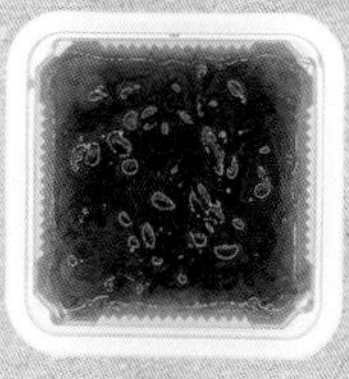

もずく

第1章

仕込みおき

野菜 P30～

豆・大豆製品 P50～

乾物 P54～

こんにゃく・しらたき P58～

作り込まない「仕込みおき」。
まずは、整え丼の主役でもある野菜や乾物などのおかずをご紹介します。
例えば、野菜であれば、調理法は塩でもむ、サッとゆでる、
サッと薄味で炒めておく……などとってもシンプルなもののみ。
このシンプルさが飽きずに続けられる秘訣であり、
整え丼の味のバリエーションを広げてくれる肝なんです。
こうして、たったひと手間でも済んだものが
冷蔵庫にストックしてあるだけで、本当に楽ですよ。

また、意識しないと不足しがちな野菜、厚揚げ、油揚げなどの大豆製品、
乾物、海藻をささっとチャージすることができるから、
気がつけば体が軽くなっているのを感じてもらえるはずです。
「野菜が足りない！」とつい余計なおかずを買って帰ったり、
食材を使い切れずに傷ませたりすることもなくなりました。

どれもこれも、シンプルなものなので、
レシピでご紹介した野菜がなくても、他の野菜でアレンジできるものばかり。
冷蔵庫にある野菜に代えてぜひ試してみてください。

野菜

ゆでる・塩もみする・
和える・漬ける・
レンチンする・炒める・
サッと煮る・タレにする。
これさえ押さえれば、
だいたいどんな野菜も
おいしく仕込んでおくことができます。
ちょっと薄いかな？
くらいの味付けが、丼にして
混ぜた時にちょうどいい！

ゆでおき

おすすめ食材

小松菜、かぶの葉、ブロッコリーなど

作り方

鍋に湯を1.5ℓほど沸かし、**塩大さじ1**を加えて**野菜適量**を入れて硬めにゆで、ざるにあげて粗熱をとる。必要に応じてひと口大に、またはみじん切りにする。

塩もみおき

おすすめ食材

にんじん、きゅうり、大根、白菜、キャベツなど

作り方

野菜適量を薄切りやせん切りにしてボウルに入れて**塩**をまぶし、5分ほどおいて水気を絞る。

塩加減のポイント：野菜の重さに対する約1％（野菜100gに対して小さじ⅓程度）。薄いかなくらいが丼にしたときにちょうど良い。

おすすめ組み合わせ例

しっとりゆでレバーにニラダレをかけて、
塩もみ大根とにんじんをのせた、ある日の整え丼。
塩もみ野菜はしっとりとして量も食べやすく、サラダ感覚で食べられます。

和えおき

おすすめ食材

ミニトマト、大根、かぶ、キャベツ、きゅうり

ミニトマトの塩昆布和え

作り方

1 **ミニトマト10個**は半分に切る。

2 保存容器に1と**塩昆布5g**を入れて和える。

スナップえんどうのごま和え

作り方

1 **スナップえんどう100g**は筋を取りさっとゆでる。

2 ボウルに**すり白ごま大さじ1、しょうゆ・砂糖各小さじ1**、水気をきった1を加えて和える。

かぶのゆかり和え

作り方

1 **かぶ（実）2個**は皮付きのまま半月切りにして**塩少々**をふり、5分ほどおいて水気を絞る。

2 保存容器に1と**ゆかり小さじ½**を入れて和える。

いんげんの おかかじょうゆ 和え

(作り方)

1 **いんげん10本**は塩ゆでして3等分に切る。

2 保存容器に**かつお節2g、しょうゆ小さじ1**を入れて混ぜ、いんげんを加えて和える。

れんこんの からしマヨ和え

(作り方)

1 **れんこん300g**は皮をむき、薄切り（大きければ半月切りやいちょう切り）にして熱湯で2分ほどゆでる。

2 保存容器に**マヨネーズ大さじ2、しょうゆ・からし各小さじ1**を入れて混ぜ、水気をきった1を加えて和える。

セロリのザーサイ和え

（作り方）

1 **セロリ⅓本**は小口切りにする。**ザーサイ20g**は粗みじん切りにする。

2 保存容器に**ザーサイ、しょうゆ・ごま油各小さじ½**を入れて混ぜ、セロリを加えて和える。

ほうれんそうの梅肉和え

（作り方）

1 **ほうれんそう1束**は塩ゆでして水にさらし、水気を絞り3㎝長さに切る。**梅干し大1個**を種を取り除き包丁でたたく。

2 保存容器に**梅肉、かつお節2g、しょうゆ小さじ½**を入れて混ぜ、ほうれんそうを加えて和える。

豆もやしのナムル

（作り方）

1 鍋に**豆もやし1袋**を入れ、もやしのかさの半分まで水を入れてふたをし、中火にかける。沸騰したら上下を一度返しさらに3分ほどゆでる。

2 保存容器に**ごま油大さじ1、塩小さじ½**を入れて混ぜ、水気をきった1を加えて和える。

漬けおき

おすすめ食材

白菜、大根、かぶ、きゅうり
キャベツ、にんじん

和風漬け

［和風漬けの素］

A【昆布（2㎝四方）1枚、赤唐辛子（輪切り）2本分、酢大さじ3、砂糖大さじ2、塩小さじ½】

白菜漬け

作り方

1 **白菜400g**は2㎝角に切る。

2 保存袋に**A**を入れて混ぜ、1を加えて軽くもみ、1時間ほどおく。

大根漬け

作り方

1 **大根400g**は皮をむき半月切りにして**塩小さじ½**をまぶし、10分ほどおいて水気を絞る。

2 保存袋に**A**を入れて混ぜ、1を加えて軽くもみ、1時間ほどおく。

洋風漬け(ラペ)

［洋風漬けの素］

A【白ワインビネガー(または米酢)大さじ1、オリーブオイル大さじ½、はちみつ 小さじ1、塩小さじ½、こしょう少々】

にんじんのラペ

(作り方)

1 **にんじん(約200g)1本**は皮付きのままスライサーでせん切りにして**塩小さじ½**をまぶし、10分ほどおいて水気を絞る。

2 保存袋に**A**を入れて混ぜ、1を加えて軽くもみ、30分ほどおく。

紫キャベツのラペ

(作り方)

1 **紫キャベツ200g**はせん切りにして**塩小さじ½**をまぶし、10分ほどおいて水気を絞る。

2 保存袋に**A**を入れて混ぜ、1を加えて軽くもみ、30分ほどおく。

レンチンおき

おすすめ食材

里いも、長いも
さつまいも

里いものみそマッシュ

作り方

1 **里いも4個**（計250g）は皮に切り込みを一周入れ、耐熱容器に入れる。**水大さじ2**を回しかけ、ラップをふんわりとかけて電子レンジで4分ほど竹串がすっと通るまで加熱する。

2 温かいうちに皮をむき、マッシャーなどでつぶして**みそ大さじ1**を混ぜる。

マッシュ かぼちゃバター

作り方

1 **かぼちゃ300g**は皮をむき3cm角に切り、耐熱容器に入れる。**水大さじ1**を回しかけ、ラップをふんわりとかけて電子レンジで6〜7分ほど竹串がすっと通るまで加熱する。

2 温かいうちにマッシャーなどでつぶし、**塩少々、バター10g**を混ぜる。

なすの塩水漬け

作り方

1 **なす5本**は皮をむいて、5分ほど水にさらす。耐熱容器に並べ、ラップをふんわりとかけて電子レンジで6〜7分ほど竹串がすっと通るまで加熱する。

2 保存容器に**水1カップ**と**塩小さじ1**を入れ、1を30分ほど漬ける。2cm長さに切って漬け汁に戻し入れ、保存する。

炒めおき

おすすめ食材

ズッキーニ、なす、きのこ
じゃがいも

ズッキーニの桜海老炒め

作り方

1 **ズッキーニ1本**は薄切りにする。

2 フライパンに**オリーブオイル大さじ1**を中火で熱し、1、**桜海老大さじ2**、**塩少々**を入れて2〜3分炒める。

エリンギのにんにく炒め

ごぼうのきんぴら

作り方

1 **ごぼう**（150g）**1本**は皮をこそげ、細切りにする。

2 フライパンに**ごま油大さじ1**を中火で熱し、1、**赤唐辛子**（輪切り）**1本分**を入れて炒める。全体に油が回ったら**しょうゆ・砂糖各大さじ1、酒大さじ½**を入れてからめ、煮汁がなくなったら**炒り白ごま大さじ1**を加えて全体を混ぜる。

エリンギのにんにく炒め

作り方

1 **エリンギ2本**は長さを3等分に切って縦薄切りにする。

2 冷たいフライパンに**オリーブオイル大さじ1、にんにく**（みじん切り）**1かけ分**を入れて中火で熱し、香りが出たら1を加えて1〜2分炒め、**塩・こしょう各少々**をふる。

ごぼうのきんぴら

キャベツのごま油炒め

作り方

1 **キャベツ1/10個**は2㎝角に切る。

2 フライパンに**ごま油大さじ1**を中火で熱し、1と**塩少々**を入れて2〜3分炒める。

パプリカのナンプラー炒め

作り方

1 **パプリカ（赤・黄）各1個**は乱切りにする。

2 冷たいフライパンに**ごま油大さじ1、にんにく（みじん切り）1かけ分**を入れて中火で熱し、香りが立ったら1を加えて1〜2分炒め、**ナンプラー大さじ1、粗びき黒こしょう少々**をふる。

じゃがいもの カレー炒め

（作り方）

1 **じゃがいも大1個**は皮をむいて8㎜厚さの薄切りにし、5分ほど水にさらす。耐熱容器に入れてラップをかけ、電子レンジで5分ほど加熱する。

2 フライパンに**オリーブオイル大さじ1**を中火で熱し、**にんにく（薄切り）1かけ分**、1を入れて炒める。油が回ったら**塩少々**、**カレー粉小さじ1**を加え、ふたをして竹串がすっと通るまで蒸し焼きにする。

長いもの 青のりマヨ炒め

（作り方）

1 **長いも300g**は皮付きのまま8㎜厚さの半月切りにする。

2 フライパンに**マヨネーズ大さじ1**を入れて中火で熱し、溶けてきたら1、**塩少々**を入れて2〜3分炒め、**青のり小さじ1**を加え混ぜる。

煮おき

おすすめ食材
ピーマン、なす
かぼちゃ

ピーマンの丸ごと めんつゆ煮

作り方

1 小さめの鍋に**水1カップ、めんつゆ（3倍濃縮）大さじ1、砂糖小さじ1**を入れて混ぜ、**ピーマン4個**を入れ、アルミホイルで落としぶたをして中火にかける。

2 煮立ったら弱火にして、煮汁がほとんどなくなるまで煮る。

いんげんの梅煮

（作り方）

1 **さやいんげん20本**は長さを3等分に、**梅干し大1個**は種を取り包丁でたたく。

2 フライパンに**サラダ油大さじ½**を中火で熱し、いんげんを入れて1分ほど炒める。**水¼カップ、梅肉、めんつゆ（3倍濃縮）大さじ½**を入れて落としぶたをし、弱火にして煮汁がほとんどなくなるまで煮る。

小松菜のオイル蒸し

（作り方）

1 **小松菜1束**は4㎝長さに切り、茎と葉に分ける。

2 鍋に**オリーブオイル大さじ1**を中火で熱し、1の茎、**塩少々**を入れてふたをする。1分ほどしたら葉を加え、さらに1分蒸し煮にする。

仕込み ソース・タレ

ミニトマトソース

作り方

1 **ミニトマト20個**は半分に切る。

2 フライパンに**オリーブオイル大さじ1**を中火で熱し、1、**塩小さじ½**を入れる。弱火で全体がとろりとするまで煮る。

ピリ辛ニラダレ

作り方

1 **ニラ1束**はみじん切りにする。

2 保存容器に1、**しょうが（すりおろし）1かけ分、しょうゆ・酢各大さじ2、砂糖・ごま油各大さじ1、赤唐辛子（輪切り）2本分**を入れて混ぜ合わせる。

うま塩ねぎダレ

作り方

1 **長ねぎの白いところ½本分**はみじん切りにする。

2 保存容器に**にんにく（すりおろし）少々、ごま油大さじ2、酢大さじ1、塩小さじ½、しょうゆ・粗びき黒こしょう各少々**、1を入れて混ぜる。

豆・大豆製品

良質な植物性たんぱく質を
チャージできる豆・大豆製品は
積極的にとりたいと思うのと同時に
以前から大好きな食材でもあります。
近くのお豆腐屋さんを通りかかると、
吸い込まれるように入って
ついつい、いろいろ買ってしまうほど。
もちろんスーパーの特売品でもＯＫ。
大豆製品は比較的足が早いので
仕込みおきに「えいや」としてしまうのが
おすすめです。豆の缶詰は常備すると便利。

油揚げの甘辛煮

作り方

1 **油揚げ2枚**は6等分に切る。

2 鍋に**砂糖・しょうゆ各大さじ2、水¾カップ**、1を入れ、落としぶたをして弱火にかける。煮汁がほとんどなくなるまで、上下を返しながら煮る。

おすすめ組み合わせ例

ひじきのごまポン酢マリネ
》P57

マッシュかぼちゃバター
》P41

大豆のマリネ
》P52

大豆のマリネ

作り方

1 **大豆**（水煮）**150gは**水気をきる。**ミニトマト4個**は四つ割りにする。

2 保存容器に**白ワインビネガー**（または米酢）**・オリーブオイル各大さじ1、塩小さじ½、粗びき黒こしょう少々**を混ぜ、1を加えて和える。

ひよこ豆のカレー炒め

作り方

1 **ひよこ豆**（水煮）**200g**はざるにあげて水気をきる。**玉ねぎ⅛個、にんにく½かけ**はみじん切りにする。

2 フライパンに**オリーブオイル大さじ½**、にんにくを入れて中火にかける。香りが立ったら玉ねぎを加え、透き通ったらひよこ豆、**酒大さじ1、カレー粉小さじ½、塩少々**を加えて炒め合わせる。

厚揚げの韓国風煮もの

1 **厚揚げ1枚**は縦半分に切ってから、厚さ1cmに切る。

2 鍋に**しょうゆ大さじ2、コチュジャン大さじ1、砂糖小さじ2、水½カップ**を入れて中火にかけ、沸騰したら1を加えて落としぶたをし、弱火にかける。煮汁がほとんどなくなるまで、上下を返しながら煮る。

乾物

乾物は常備しておけばいつでも
一品が作れるうえ、
栄養価が高い優秀食材。
見た目は地味だけれど、
野菜とはまた違うミネラルや
食物繊維がたっぷりと摂れます。
ワンパターンになりがち
という声をよく聞くので、
調理法のバリエーションを
ご紹介します。
ハマると止まらなくなるはず！

高野豆腐の照り焼き

作り方

1 **高野豆腐4枚**はたっぷりの水で戻し、手で挟むようにして水気をきってバットに並べる。4等分に切り、混ぜた**A【めんつゆ（3倍濃縮）・水各大さじ1】**をかけて**片栗粉適量**をまぶす。

2 フライパンに**サラダ油大さじ2**を中火で熱し、1を並べ入れて各面を焼く。弱火にして**酒・しょうゆ各大さじ2、みりん大さじ1、砂糖大さじ½**を加え、煮汁がなくなるまで煮からめる。

わかめの梅和え

作り方

1 **生わかめ100g**はざく切りにする。**梅干し大1個**は種を取り、包丁で粗くたたく。

2 保存容器に**しょうゆ大さじ½、みりん小さじ1**、梅肉を入れて混ぜ、わかめを加えて和える。

切り干し大根のサラダ

作り方

1 **切り干し大根50g**はたっぷりの水で戻し、ざく切りにする。熱湯で30秒ほどゆでて粗熱をとり、しっかりと水気を絞る。

2 保存容器に**A【かつお節2g、しょうがのすりおろし½かけ分、ポン酢大さじ3、オリーブオイル大さじ1】**を合わせ、切り干し大根を入れて和える。

ひじきのごまポン酢マリネ

作り方

1 **芽ひじき20g**はたっぷりの水で戻し、30秒ほどゆでてざるにあげ、粗熱をとる。

2 保存容器に1、**ポン酢大さじ3、すり白ごま大さじ2**を入れて和える。

ひじきのナンプラー炒め

作り方

1 **芽ひじき20g**はたっぷりの水で戻す。

2 フライパンに**ごま油大さじ1/2**を中火で熱し、水気をきった1を入れて1分ほど炒める。**ナンプラー・みりん各大さじ1**を加え、水気がなくなるまで炒める。

こんにゃく・しらたき

こんにゃく・しらたきは
言わずもがなのヘルシー食材。
カロリー、糖質ともに低く、
食物繊維が豊富で
デトックス効果もある
いいこと尽くしです。
安心して食べられるし
おいしいので、
いつも積極的に仕込んでいます。
整え丼はもちろん
おつまみや副菜、お弁当のおかず
として登場することも。

こんにゃくのピリ辛炒り

作り方

1 **こんにゃく1枚**（約400g）はひと口大にちぎる。

2 フライパンに1を入れ、中火で乾煎りする。**赤唐辛子**（輪切り）**2本分、めんつゆ**（3倍濃縮）**大さじ2、砂糖大さじ1**を加えて、水分がなくなるまで炒める。

しらたきのたらこ炒り

作り方

1 **しらたき350g**はざく切りにし、1分ほどゆでてざるにあげる。**たらこ80g**は包丁で皮から中身を出す。

2 フライパンに**しらたき**を入れて乾煎りする。**酒大さじ1、しょうゆ小さじ2、たらこ**を加え、たらこの色が変わるまで3分ほど炒める。

麺でもパンでもおいしい、仕込みおき

ごはんはもちろんですが、
その日の気分で
麺にのせたりパンに挟んでも。

簡単コングクス

作り方

1 **そうめん1束**は袋の表示通りゆで、冷水にさらしてざるにあげる。

2 器に**豆乳1カップ、めんつゆ（3倍濃縮）・すり白ごま各大さじ1**を入れて混ぜる。1を入れ、トッピングをのせる。

トッピングにおすすめの仕込みおき

きゅうりのわさびポン酢
》P20

自家製サラダチキン
》P23

その他おすすめトッピング：
キムチ、ゆで卵

カレー味玉わんぱくサンド

具におすすめの仕込みおき

鶏ハム 》P68

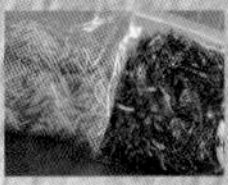

紫キャベツのラベ 》P39

カレーめんつゆ味玉 》P24

作り方

1 **食パン**（8枚切り）**2枚**はトーストして各片面に**マヨネーズ大さじ1ずつ**をぬる。

2 **鶏ハム、紫キャベツのラベ、カレーめんつゆ味玉**の順で各適量を1の1枚にのせ、もう1枚で挟み、オーブンペーパーで包んでテープで留め、半分に切る。

サラダチキンとゆで野菜の和えもの

自家製サラダチキン（P23）**30g、ゆで野菜**（**小松菜などP31**）**30g**を和える。味を見て、足りなければ**しょうゆ適宜**を加え炒り白ごまを振る。

里いものみそチーズグラタン

里いものみそマッシュ（P40）**120g**をグラタン皿に入れ、**ピザ用チーズ50g**をのせて焼き目がつくまでオーブントースターで焼く。

冷ややっこのなめたけのせ

絹ごし豆腐½丁に**自家製なめたけ**（P22）**大さじ2**をのせる。

酒のアテにも

お酒を飲む日はごはんにのせずに
小鉢や豆皿に盛り付けます。
それぞれのお酒に合う食材を加えて
ちょっとしたアレンジをするのも
おすすめ。お酒がすすむ〜！

お弁当にも

実はお弁当生活をしている人に
仕込みおき、ぴったりなんですよね。
ごはんが冷凍庫にあって
仕込みおきがいくつか冷蔵庫に
あれば、あとは詰めるだけ！

第2章

肉・魚のたんぱく質おかず

仕込みおき　肉 P66〜　魚 P78〜
即でき　肉 P74〜　魚 P82〜

整え丼を作る時は、それだけで体にいいから
あまり難しいことは考えないのですが、
たった1つ心がけていることは、
たっぷりの野菜とともに
たんぱく質を積極的に摂ること！
特にジムで運動を始めてから、意識するようになりました。
あと、なんといっても満足感がありますよね。
私は肉や魚で作る時は2通りで、
速攻でぱぱっと作れる「即できおかず」か
多めに作っておく「仕込みおき」。
手の込んだものは仕込みおきが便利だけど、
超簡単なものなら、やっぱりできたてが
おいしいし、逆にラク。
その日の食材と相談して決めています。
肉と魚それぞれの「仕込みおき」と「即でき」おかず、
気楽にその日の気分で作ってみてください。

肉の仕込みおき

まとめて作っておいて
少しずつ食べられる肉の
仕込みおき。
シンプルな調理のものも多いので、
食べる直前にアレンジしたり、
かけるソースなどで味に変化をつけたり、
バリエを楽しんで。
仕込みおきの肉おかずは
お弁当やおつまみにもぴったりです。

ハニー粒マスタードチキン

作り方

1 **しょうゆ・酒・粒マスタード・はちみつ各大さじ½**を混ぜておく。

2 冷たいフライパンに油をひかず、**ひと口大に切った鶏もも肉1枚分**の皮目を下にして並べ入れる。中火にかけて皮に焼き目がつくまで4分ほど焼いて裏返し、1を加えてからめる。

しっとり鶏ハム

作り方

1 **鶏むね肉2枚**（**約500g**）は皮を取り、包丁で厚みを均一にして**砂糖・塩各大さじ1と½**をまぶす。端から巻いてラップで包み、両端をしばり冷蔵庫で1時間〜ひと晩おく。

2 1をラップのまま鍋に入れ、鶏肉がかぶるくらいの水を加えて中火にかける。沸騰したら弱火にし、15分ほどゆでる。そのまま冷めるまでおく。食べやすく切って保存する。

鶏そぼろ

作り方

冷たい鍋に**鶏ひき肉200g、砂糖・酒・しょうゆ各大さじ2、片栗粉小さじ½**を入れて菜箸でよく混ぜる。中火にかけ、肉の色が変わるまで混ぜながら炒める。

しっとりゆでレバー

作り方

1 **鶏レバー200g**は半分に切り、大きめのボウルに入れてたっぷりの水を加える。手で10回ほどぐるぐるとかき回し、血抜きをする。水を替えて3回ほど繰り返し、水気をきる。

2 厚手の鍋に**水適量、しょうがの薄切り3枚**を入れて沸かし、1を入れて再沸騰したらふたをしてそのまま冷めるまでおく。

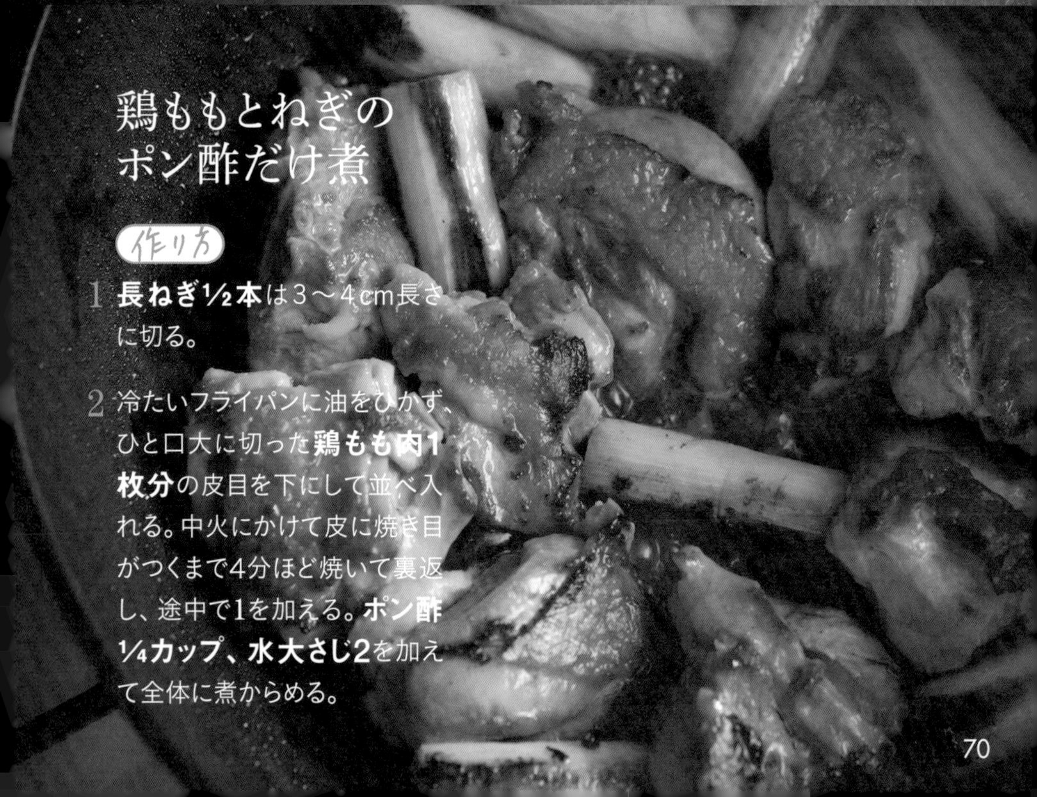

鶏ももとねぎのポン酢だけ煮

作り方

1 **長ねぎ½本**は3〜4cm長さに切る。

2 冷たいフライパンに油をひかず、ひと口大に切った**鶏もも肉1枚分**の皮目を下にして並べ入れる。中火にかけて皮に焼き目がつくまで4分ほど焼いて裏返し、途中で1を加える。**ポン酢¼カップ、水大さじ2**を加えて全体に煮からめる。

ふわふわ鶏つくね

作り方

1 ボウルに**鶏ひき肉300g**、**塩小さじ½**、**片栗粉大さじ1**、軽くつぶした**絹ごし豆腐½丁**（約150g）、**しょうがのすりおろし1かけ分**を入れて混ぜ、粘りが出たら**長ねぎのみじん切り⅓本分**を加え混ぜる。

2 鍋に湯を沸かし、ひと口大に丸めた1を入れて2〜3分ゆでる。

豚しゃぶ

作り方

鍋に湯を沸かし、**酒大さじ2、豚肩ロース肉**（しゃぶしゃぶ用）**300g**をほぐして入れ、すぐに火を止める。余熱で肉の色が変わるまでゆで、ざるにあげる。

豚こまのトマト煮

作り方

1 フライパンに**オリーブオイル大さじ1**を中火で熱し、**玉ねぎのみじん切り¼個分**を炒める。

2 **トマト缶**（カット）**½缶、塩小さじ½、粗びき黒こしょう少々**を加えてとろみがつくまで5分ほど煮、**豚こま切れ肉300g**を加え肉の色が変わるまで煮る。

ガパオ

作り方

1 フライパンに**サラダ油大さじ1、にんにくのみじん切り1かけ分**を中火で熱し、香りが出たら**豚ひき肉200g**を加えて肉の色が変わるまで炒める。

2 **5㎜角に切ったパプリカ1/8個分、ちぎったバジルの葉6枚、ナンプラー・酒各大さじ1**を加え、1分ほど炒める。

肉の即でき

じゃじゃっと炒める肉のおかずは
できたてがいちばんおいしい！
とにかくフライパンひとつで
簡単なので、
おかずが何もない時や
気力がない日でも気楽に作れます。
薄切り肉は
冷凍庫にストックしておくと安心。
もちろんたっぷり作って
温め直しながら食べても。

鶏のガリバタ焼き

作り方

1 **鶏むね肉1枚**は皮を取り、ひと口大の薄いそぎ切りにする。**A（酒・しょうゆ・みりん各大さじ1、砂糖大さじ½、にんにくのすりおろし少々）**は混ぜておく。

2 フライパンに**オリーブオイル大さじ1**を中火で熱し、**鶏肉**を入れて炒める。**A**と**バター10g**を加え、全体にからめる。

豚肉のナンプラーレモンバター炒め

作り方

1 フライパンに**サラダ油大さじ½**を中火で熱し、**豚肩ロース薄切り肉200g**を入れて肉の色が変わるまで炒める。

2 **ナンプラー・レモン汁各大さじ1、バター5g**を加えてからめる。

牛肉のピリ辛オイスター炒め

作り方

1 ボウルに**牛切り落とし肉300g、紹興酒**（または酒）**大さじ1、オイスターソース・しょうゆ各大さじ½、豆板醤・片栗粉各小さじ1、砂糖少々**を加えてもみ込む。

2 フライパンに**ごま油大さじ1**を中火で熱し、1を入れて肉の色が変わるまで炒める。

しょっぱい、甘辛い、甘い、酸っぱいが
組み合わさって味のバランスが良い丼。
脂質が少なく胃腸に負担が少ないのがうれしい。

トマト味のようなちょっと洋風の味付けって
妙に玄米に合うんです。カレーや
ピリッとしたわさび、からしの風味もアクセントに。

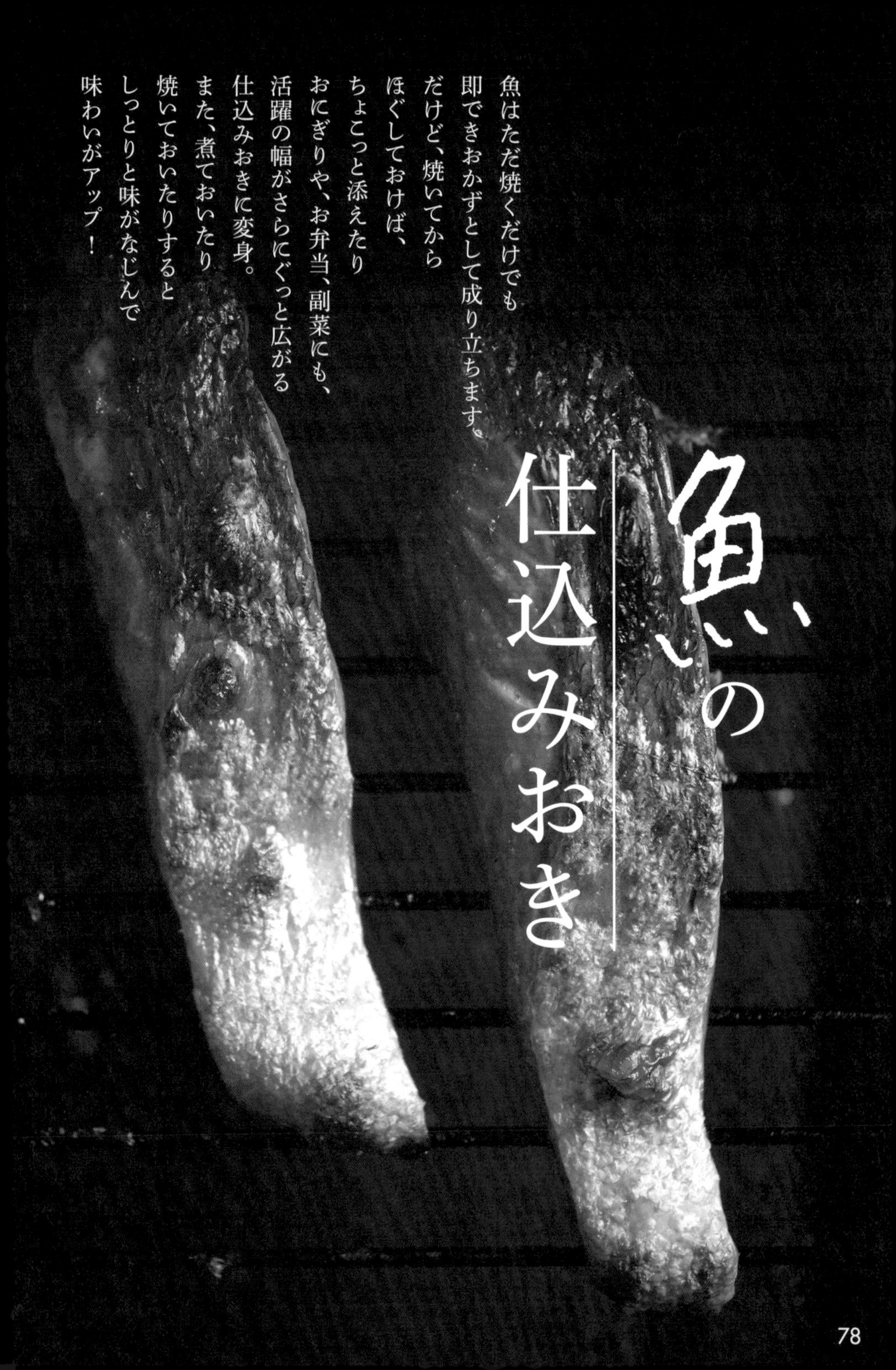

魚の仕込みおき

魚はただ焼くだけでも
即できおかずとして成り立ちます。
だけど、焼いてから
ほぐしておけば、
ちょこっと添えたり
おにぎりや、お弁当、副菜にも、
活躍の幅がさらにぐっと広がる
仕込みおきに変身。
また、煮ておいたり
焼いておいたりすると
しっとりと味がなじんで
味わいがアップ！

自家製 鮭フレーク

作り方

塩鮭2切れを魚焼きグリルで5分ほど焼き、骨と皮を除いてほぐし、**炒り白ごま適量**を混ぜる。

おすすめ組み合わせ例

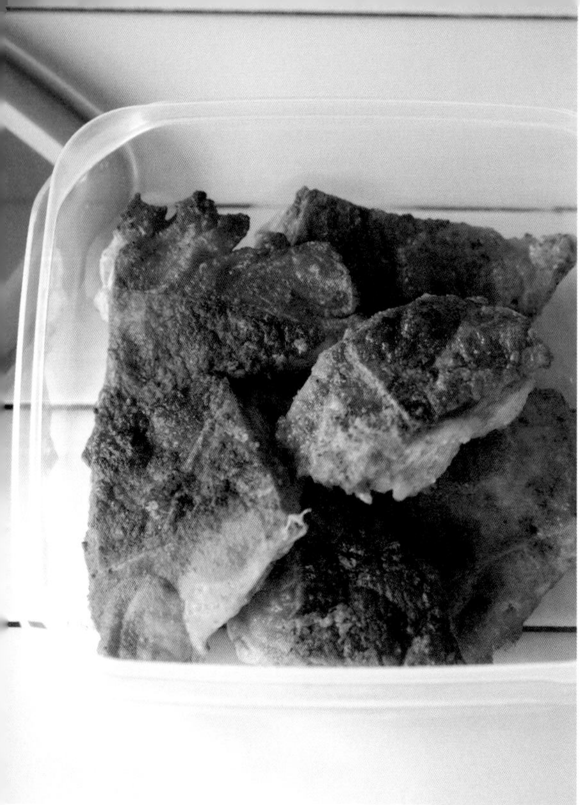

鮭の
スパイス焼き

（作り方）

1 **塩鮭2切れ**をそれぞれ3等分に切り、**カレー粉小さじ½**をふり、**小麦粉大さじ1**をまぶす。

2 フライパンに**サラダ油大さじ1**を中火で熱し、1を並べ入れて両面を2〜3分ずつ焼く。

ぶりの照り焼き

（作り方）

1 **ぶり2切れ**はそれぞれ3等分に切り、**小麦粉大さじ1**をまぶす。**A**（**酒・しょうゆ・みりん各大さじ1、砂糖大さじ½**）は混ぜ合わせておく。

2 フライパンに**サラダ油大さじ1**を中火で熱し、ぶりを並べ入れて両面を2〜3分ずつ焼く。**A**を加え、全体に煮からめる。

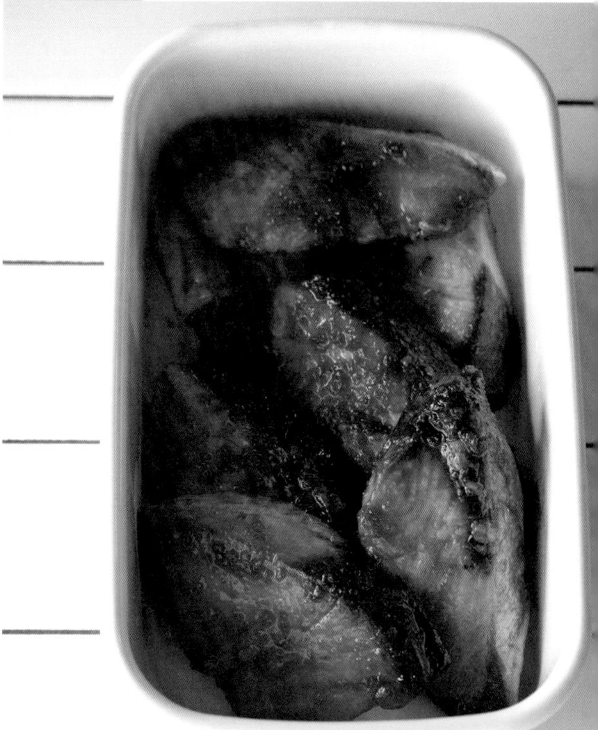

さばのみそ煮缶の厚揚げ煮

作り方

1 **厚揚げ½枚**は縦半分に切り5㎜厚さに切る。

2 鍋に**さばのみそ煮缶1缶の缶汁**を煮立て、1を加える。2〜3分煮て、さばを入れて温め、好みで**七味唐辛子**をふる。

ツナのパセリマヨ和え

作り方

水気をきったツナ缶（**水煮**）**1缶**をボウルに入れ、**紫玉ねぎの薄切り⅛個分、パセリのみじん切り・マヨネーズ各大さじ2、酢小さじ1、こしょう少々**を混ぜる。

魚の即でき

焼き魚や刺し身は即できおかずの
最たるものです。
魚をがっつり食べたい気分の日は、
好きな魚を買ってきて
グリルにおまかせ。
生魚が食べたい日は、
刺し身をのっけ丼に追加しましょう。
しょうゆとわさびに飽きたら
薬味やすりごまで
和えるのもおいしいんです。
その日に手に入る魚、好みの魚で
アレンジしてみて。

焼き魚

作り方

塩さば、ししゃも、アジやホッケの干物など適宜を魚焼きグリルで焼く。

刺し身の薬味和え

作り方

ボウルに**白身魚の刺し身120g**を入れ、**みょうがの小口切り1個分、しそのせん切り2枚分、しょうがのすりおろし1かけ分、すり白ごま小さじ1、しょうゆ大さじ1**を入れて和える。

さばのぎゅっとしたうまみを生かすため
素朴な副菜との組み合わせに。
少しエスニック風にナンプラーを混ぜて。

刺し身の薬味和えをかつおのたたきで。
上にのせたのはクリームチーズ。
意外にぴったりなのでお試しを。

常備のススメ

おかずいらずの具だくさんおにぎりは、作っておくと忙しい時にパクッと食べられます。ラップに包んで冷凍すればそのままレンチンできて大助かり！

ひよこ豆のカレー炒め × 焼きソーセージ

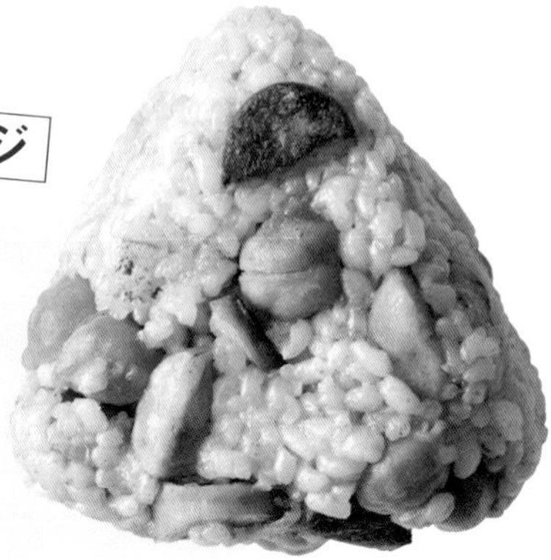

温かい玄米ごはん茶わん1杯分に**ひよこ豆のカレー炒め**（P52）**大さじ1**、**小口切りにして焼いたソーセージ1本**を混ぜてにぎる。

ガパオ × うずら卵の水煮

温かい玄米ごはん茶わん1杯分に**ガパオ**（P73）**大さじ1**を混ぜ、**うずらの卵1個**を表面にのせてにぎる。

ちくわ × かぶの葉

温かい玄米ごはん茶わん1杯分に**粗みじん切りにしたちくわ1/3本**、**刻んだ塩ゆでかぶの葉**（P31）**大さじ1杯**を混ぜてにぎる。

玄米おにぎり

※作り方と材料はすべて1個分

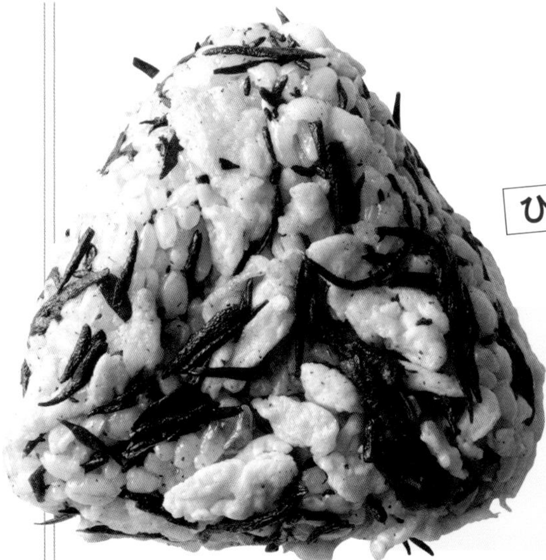

ひじきのナンプラー炒め × 炒り卵

温かい玄米ごはん茶わん1杯分にひじきのナンプラー炒め（P57）大さじ1、卵をフライパンで炒り卵にしたもの½個分を混ぜてにぎる。

鶏そぼろ × 豆もやしナムル

温かい玄米ごはん茶わん1杯分に鶏そぼろ（P69）大さじ1、豆もやしのナムル（P37）10gを混ぜてにぎる。

自家製鮭フレーク × 小松菜

温かい玄米ごはん茶わん1杯分に自家製鮭フレーク（P79）大さじ1、刻んだゆで小松菜（P31）10gを混ぜてにぎる。

いっしょに食べたい汁物

汁物がひとつあるだけで、お腹の満たされ方が段違い。体を温め、満足感を与えてくれます。まとめて仕込んで毎食のお供に。

※すべて作りやすい分量（3〜4人分）

大根かきたま汁

作り方

1 鍋に**水3カップ、調味料入りだしパック1袋**を入れて中火にかける。沸騰したら弱火にして3分ほど煮てパックを取り出す。

2 **大根100g**を太めのせん切りにして加え5分ほど煮、**卵2個分**を溶きほぐして回し入れる。かき玉になったら**万能ねぎの小口切り2本分**を加える。

だしベース

油揚げと小松菜のみそ汁

作り方

鍋に**水3カップ**、**だしパック1袋**を入れて中火にかける。沸騰したら縦半分に切ってから1cm幅に切った**油揚げ½枚分**、2cm長さに切った**小松菜1株**を加え3分ほど煮て、**みそ大さじ3**を加える。

＼おすすめ！／

特におすすめのだしが上の2つ。左・昆布の味が濃い、シンプルな『鰹こんぶ』（海産たかはし堂）、右・いりこの風味が豊かな、調味料入りで味付け不要の『あご入兵四郎だし』（味の兵四郎）

鶏がらベース

豆腐と白菜の中華スープ

作り方

鍋に**水3カップ**、**鶏がらスープの素大さじ2**を入れて中火にかける。沸騰したら3㎝角に切った**白菜½枚分**、1㎝角に切った**豆腐½丁分**を加えて5分ほど煮、**塩少々**、**ごま油小さじ1**を加える。

＼おすすめ！／

鶏ガラスープもいろいろありますが、こちらは無添加なので使いやすくおすすめ。『やさしい味わいのガラスープ』（ユウキ食品）

韓国だしベース

にんじんともやしの韓国スープ

作り方

鍋に**水3カップ**、**韓国だしパック1袋**を入れて中火にかける。沸騰したら細切りにした**にんじん1/4本分**、**大豆もやし1/4袋**を加えて5分ほど煮、**塩、しょうゆ各少々**を加えて味を調える。

＼おすすめ！／

最近ハマっているのが干しタラを使った韓国のだし。スープの幅が一気に広がります。干しタラの海鮮万能だし（清浄園）

無理なく続ける秘訣！
レトルトでもおいしい
おすすめ教えます

COLUMN 2
困った時の
お助け

おすすめ レトルト・お取り寄せ

温めるだけでOKなおすすめのレトルト品をご紹介。レトルト品1品だけだと、ちょっと心配な野菜不足も、整え丼の1品にすれば心配なし。

カレー

「無印良品」のカレーは種類が豊富でおいしいものが多い！ 量も少なめで、整え丼にぴったりです。レトルトカレーは卵や野菜の仕込みおきを組み合わせると栄養も食べ応えもアップ。

おかず

「無印良品」のぶり大根や牛肉の赤ワイン煮、麻婆豆腐。メインになるおかずを作る余力がないときもこれで大満足できる。

ごはんにかける系 レトルト

SEIYUの「みなさまのお墨付き」シリーズ。ごはんにかけるだけのシリーズがおすすめ。異国の味わいもとり揃えている。仕込みおきの野菜と組み合わせて。

オイルサーディン

オンラインショップで買える「竹中罐詰」の〝天の橋立オイルサーディン〟。お値段は高いがとてもおいしいので、缶詰とは思えないリッチ感を味わえる。丁寧に手作業で製造されている。

いかしゅうまい

呼子の「萬坊」の〝いかしゅうまい〟お取り寄せ。オンラインショップですぐに買え、ふるさと納税などでも取り扱いあり。温めるだけでできたてのおいしさ！

ハンバーグ

「伊勢丹三越」の〝粗挽き食感が楽しめるミニハンバーグ〟。クイーンズ伊勢丹で購入できる。国産の牛肉と豚肉で作られた、こだわりのハンバーグ。がっつり感が欲しい日におすすめ。

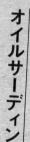

COLUMN 3

ツレヅレハナコのリアル整え丼生活

ある時から「#ツレハナ玄米どんぶり」のハッシュタグで日々の整え丼生活を記録し始めたハナコさんのインスタグラムからよりぬきをご紹介。本書が生まれたのも、気づけば「#ツレハナ玄米どんぶり」にたくさんの反響が寄せられたこと、そして何よりハナコさんの等身大でリアルな食事のまま健康を実現したことにあるのです。

玄米はだいたい3～4合を炊く。炊けた時の香りがたまらん！

こんな感じで120gくらいを小分けにして冷凍！

ある日の仕込みおき

これだけあれば1週間くらい安心！

鶏スープを仕込んでおります

いっきに仕込む時もあれば、ちょこちょこ足していく日もある

晩酌する日は豆皿にちょこちょこ盛り付ける♪

ごはんに合いそうなおかずたち

石垣島長期滞在時、現地食材を使って。沖縄でも外食合間に整え丼！

Instagram ツレヅレハナコ @turehana1

揚げなすと納豆がいい仕事をしてる。肉がなくても大満足できる野菜たっぷり丼。

そぼろと野菜のおかずをちょこちょこ。

市販「パイナップルカレーの素」になすを炒めて加えておかずに。

晩酌かつおのたたきをリメイクした日。サワークリームがかつおにも玄米にも合う。

市販レトルトカレーの日。野菜の仕込みおきがあると無敵。

豚しゃぶにかけているこのニラだれが本当に万能。

パンな気分の日は仕込みおきを挟んでサンドイッチにする。

タイ米でカオマンガイ風にしたけれど仕込みおきが大活躍。

玄米に黒米を混ぜて炊くのもモチっとしておいしい。

まぐろの刺し身がちょこっとあまったので漬けにして翌日の丼に。

ししゃももカリッと焼いてのっけ丼。

暑い日は、冷凍うどんにカニカマの天ぷらと野菜をのせて冷やしでツルッと。

こんな感じで挟むだけでサンドイッチは完成。仕込みおきよありがとう！

真夏で暑かったのでとうもろこし入り玄米ごはん。

貧血気味でレバーと納豆。鉄分摂取！

冷凍おにぎり弁当でお出かけの日。

筋トレ民の間で最近話題の「無水カレー」を作ってみた整え丼。

さばと納豆。野菜は甘い、酸っぱい、しょっぱいなど味の違うものを合わせる。

市販の豆腐麺コングクスにおかずをのせる。二日酔いの日に最高。

市販の具だくさんスープに仕込みおきおかずを添えて休肝日。

パパッと作れる「仕込みおき」で
ツレヅレハナコの
からだ整え丼

2024年 6 月11日　第 1 刷発行
2024年 8 月15日　第 3 刷発行

著　者　ツレヅレハナコ
発行人　土屋　徹
編集人　滝口勝弘
発行所　株式会社Gakken
〒141－8416
東京都品川区西五反田2-11-8
印刷所　大日本印刷株式会社

●この本に関する各種お問い合わせ先
本の内容については、下記サイトのお問い合わせフォームより
お願いします。https://www.corp-gakken.co.jp/contact/
在庫については　Tel 03-6431- 1250（販売部）
不良品（落丁、乱丁）については　Tel 0570-000577
学研業務センター　〒354-0045埼玉県入間郡三芳町上富279-1
上記以外のお問い合わせは
Tel 0570-056-710(学研グループ総合案内)

STAFF
医学監修　井川智成
撮影 福尾美雪
デザイン 野澤享子
(Permanent Yellow Orange)
スタイリング　久保百合子
ハナコイラスト　新久千映
校閲 株式会社聚珍社
編集・撮影（P10、26-27）　中野桜子
編集　岡田好美（Gakken）

撮影協力
UTUWA

ツレヅレハナコ
食と酒、そして旅を愛する文筆家・料理研究家。雑誌やWEBにてレシピやエッセイなど記事を寄稿。オリジナル揚げ鍋や調理バット、食器などのプロデュースも手掛ける。著書に『女ひとりの夜つまみ』（幻冬舎）、『食いしん坊な台所』（河出文庫）、『47歳、ゆる晩酌はじめました。』（KADOKAWA）、『世界の現地ごはん帖』（光文社）など多数。
〈Instagram〉@turehana1
〈X（旧Twitter）〉@turehana